Dieses Buch gehört:

Christine Nöstlinger (1936–2018), in Wien geboren und aufgewachsen, zählt zu den erfolgreichsten Kinder- und Jugendbuchautoren der Gegenwart. Nach dem Abitur studierte sie zunächst Gebrauchsgrafik an der Akademie für Angewandte Kunst. 1970 veröffentlichte sie ihr erstes Kinderbuch, das Bilderbuch „Die feuerrote Friederike". Sie hat über 100 Bücher für alle Altersgruppen herausgebracht, fantastische und realistische, immer sozial engagierte Geschichten, die in viele Sprachen übersetzt worden sind.

Erhard Dietl lebt als freier Schriftsteller und Illustrator in München. Er hat über 100 Kinderbücher veröffentlicht, mit großem nationalem und internationalem Erfolg. Seine Bücher wurden mehrfach ausgezeichnet. Zu seinen erfolgreichsten Figuren gehören die anarchischen Olchis, die sogar Büchermuffel zum Lesen und Lachen bringen.

Christine Nöstlinger

Hundegeschichten vom Franz

Mit Bildern von Erhard Dietl

Verlag Friedrich Oetinger · Hamburg

Inhalt

Früher hatte der Franz Angst vor Hunden

Der Franz hätte gern einen Hund. Irsinnig
gern sogar. Aber das weiß niemand außer ihm.
Seine Mama nicht, sein Papa nicht, sein großer
Bruder, der Josef, auch nicht.
Nicht einmal seine beste Freundin, die Gabi,
ahnt etwas davon. Und sein bester Freund, der
Eberhard Most, schon gar nicht.
Der Franz wünscht sich ja erst seit ein paar
Wochen einen Hund. Vorher hat er immer
gesagt: „Hunde gehen mir auf die Nerven, die
bellen laut und stinken, wenn sie nass sind!"
Doch das hat der Franz nur gesagt, weil er sich
vor allen Hunden gefürchtet hat.

Nicht nur vor großen mit spitzen Zähnen, auch vor kleinen mit Wedelschwänzen. Sogar vor der Fifi, dem uralten Hund der Gemüsefrau, hat der Franz riesige Angst gehabt.

Dabei bellt die Fifi nie. Sie hat nur noch einen Zahn und döst den ganzen Tag in ihrem Körbchen neben der Orangenkiste vor sich hin. Blind ist die Fifi angeblich auch. Und ein lahmes Hinterbein soll sie haben.

Doch jedes Mal, wenn die Mama den Franz zur Gemüsefrau schicken wollte, hatte der Franz eine Ausrede, warum er gerade jetzt nicht einkaufen gehen kann.

Ließ die Mama die Ausrede nicht gelten, machte sich der Franz kniezittrig auf den Weg. Und sehr langsam. Und er murmelte unentwegt beschwörend vor sich hin: „Die Fifi ist ein harmloser, braver Hund, die tut garantiert keinem Menschen etwas!"

Viel half das dem Franz aber nicht. Kurz vor dem Gemüseladen bekam er jedes Mal zum Kniezittern noch Herzklopfen.

Wenn die Ladentür nicht offen stand, starrte er oft minutenlang auf Spinat, Äpfel und Eier im Schaufenster, bevor er sich endlich überwand, die Türklinke runterzudrücken und ins Geschäft zu gehen. Drinnen im Laden dann blieb er an der Tür. So weit wie möglich vom Fifi-Körbchen entfernt.

Einmal las er der Gemüsefrau vom Einkaufszettel vor: „Drei Bananen, ein Kilo Karotten, einen Salat, Schnittlauch und vier Zitronen."

Die Gemüsefrau reichte ihm die drei Bananen, das Kilo Karotten, den Schnittlauch und den Salatkopf über den Ladentisch rüber. Dann zeigte sie auf die Kiste mit den Zitronen und sagte: „Die Zitronen nimm dir selbst raus." Weil im Gemüseladen die Kiste mit den Zitronen vor dem Ladentisch steht. Hinter der Kiste mit den Orangen. Und die Gemüsefrau erspart sich gern den Weg um den Tisch herum. Um zu den Zitronen zu kommen, hätte der Franz an der Orangenkiste und dem Körbchen mit der Fifi vorbeimüssen.

Da piepste der Franz: „Bitte, das war ein Irrtum, meine Mama braucht heute gar keine Zitronen."

Die Stimme vom Franz wird nämlich immer hoch und piepsig, wenn er sehr aufgeregt ist. Und als dann der Franz ohne Zitronen heimkam, schwindelte er die Mama an.

Er sagte, die Gemüsefrau habe leider keine Zitronen mehr gehabt. Die wären ausverkauft und würden erst morgen nachgeliefert.

Nie im Leben hätte der Franz zugegeben, dass
er sich sogar vor der Fifi fürchtet. Auch der
Mama konnte er das nicht sagen. Obwohl der
Franz mit der Mama sonst alle seine Probleme
bespricht.
Den anderen sagte er nichts davon, weil er
sicher war, dass sie ihn auslachen würden.

Seiner Mama sagte er es nicht, weil er dachte:
Es ist nicht schön für eine Mama, so einen
feigen Sohn zu haben. Es ist besser, eine liebe
Mama erfährt davon nichts.
Der Franz ist sich nämlich gar nicht sicher,
ob er ein Sohn ist, über den sich eine Mama
freuen kann. Manchmal glaubt er, seine Mama
tut nur so, als ob sie ihn völlig in Ordnung
fände. Aus Liebe und Mitleid.

Der Franz selbst findet sich überhaupt nicht in
Ordnung. Er hat viel an sich auszusetzen.
Da ist einmal seine komische Stimme, die
so piepsig wird, wenn er sich aufregt oder

fürchtet. Es kann sogar sein, dass er dann überhaupt keinen Ton mehr rausbringt. Nicht einmal den kleinsten Pieps.

Sein Gesicht mag der Franz auch nicht. Viele Leute sagen nämlich, er habe ein „Mädchengesicht", und wollen gar nicht glauben, dass er ein Bub ist.

Besonders ärgert sich der Franz aber darüber, dass er so schrecklich klein ist. Fragt ihn jemand nach seinem Alter, weiß der Franz schon, was nun kommen wird.

„Waaaas? Du bist schon über acht Jahre?", rufen die Leute und schütteln den Kopf. „Ich hätte gedacht, du bist erst sechs." Viele sagen dann noch: „Musst tüchtig essen, damit noch was wird aus dir!"

Vor dem Einschlafen stellt sich der Franz gern einen ganz anderen Franz vor. Da lässt er seine kleine Stupsnase auf einen großen Zinken wachsen und seinen Herzkirschenmund auf blasse, dünne Lippen schrumpfen.

Seine blauen Kulleraugen macht er zu mausgrauen Knopfaugen. Um zwei Handbreit länger macht er sich auch. Und doppelt so breit. Und er redet mit tiefer Brummstimme. Würde der Franz echt so aussehen und reden, wie er sich das vor dem Einschlafen austräumt, wäre er glatt ein Zwillingsbruder vom Josef. Das wäre dem Franz sehr recht. Zu seinem Zwilling wäre der Josef sicher auch viel netter und freundlicher.

Der Josef ist leider oft ziemlich gemein zu seinem kleinen Bruder. Er nennt ihn „Zwerg" und „Blödmann" und „Winzling". Nie spielt er mit ihm. Auch nicht, wenn ihn die Mama darum bittet. Dann sagt er: „Alle Spiele, die für so ein Baby passen, habe ich doch schon längst vergessen!"

Dabei ist der Josef nur fünf Jahre älter als der Franz und doch noch nicht in dem Alter, wo man vergesslich wird. Außerdem kann der Franz viele Spiele, die auch der Josef gern spielt.

DU ZWERG!

Der Franz lernt die Berta kennen

Hätte die Tante vom Eberhard Most keine
Blinddarmentzündung bekommen, hätte der
Franz die große Hundeangst sicher noch
immer. Aber diese Tante musste wegen
ihrem Blinddarm ins Krankenhaus. Dorthin
konnte sie ihren Hund nicht mitnehmen. So
brachte sie ihn zu ihrer Schwester. Und die ist
die Mutter vom Eberhard.
Der Eberhard fand es nicht aufregend, einen
Hund in Pflege zu haben. Darum erzählte er
dem Franz auch nicht, dass bei ihm zu Hause
seit zwei Tagen ein großer Hund wohnt.
Und so ahnte der Franz nichts vom
Pflegehund, als er am Donnerstag den
Eberhard zum Schwimmen abholen wollte. Er
klingelte an der Wohnungstür. Die Frau Most
öffnete die Tür.
„Hereinspaziert, lieber Franz", sagte sie. „Der
Eberhard kommt gleich, er kauft sich beim
Sport-Fink eine neue Badehose." Sie seufzte.

„Er ist schon wieder dicker geworden." Dann
deutete sie zum Zimmer vom Eberhard. „Geh
nur rein!"
Der Franz nickte und ging durch den Flur.
Die Frau Most rief ihm nach: „Vielleicht ist die
Berta drinnen. Musst aber keine Angst vor ihr
haben!"
Der Franz schaute erstaunt. Er dachte: Die
Berta wird wohl die Putzfrau sein. Warum sollte
ich vor der Angst haben?

Im Zimmer vom Eberhard war keine Putzfrau, dort war bloß die übliche Unordnung. Der Eberhard ist nämlich ein arger Schlampsack! So viel vermischter Kram lag herum, dass kaum ein Stück Teppichboden zu sehen war. Der Franz wusste: Jedes Mal, wenn der Eberhard weggehen will, muss er vorher das Zimmer aufräumen. Sonst lässt ihn seine Mama nicht aus der Wohnung. Der Franz dachte: Bei der Sauerei, die der Kerl gemacht hat, braucht das Aufräumen ewig. Da macht glatt das Schwimmbad zu, bevor wir fertig sind. Ich fange besser gleich mit dem Wegräumen an.

Also machte sich der Franz ans Aufräumen. Er hob Buntstifte vom Boden auf und tat sie in eine Dose auf dem Schreibtisch. Er stapelte zerfledderte Mickymaus-Hefte zu einem Stoß, sammelte Dart-Pfeile ein und steckte sie in einen Köcher auf dem Regal.

Dann kroch er auf dem Boden herum, hinter ausgestreuten Glasmurmeln her.

Die meisten Murmeln hatte der Franz schon in
einen Stoffbeutel getan, da sah er vor dem Bett
noch eine Murmel. Er streckte eine Hand nach
der Murmel aus, die Murmel rollte unter das
Bett. Sehen konnte sie der Franz nicht mehr,
weil über das Bett eine Decke gebreitet war.
Die reichte bis zum Boden.
Der Franz streckte die Hand unter die Decke
und tastete den Boden ab. Er spürte keine

Murmel unter den Fingern. Aber plötzlich
war auf seinem Handrücken etwas schweres
Warmes. Das hielt die Hand am Boden fest.
Der Franz erstarrte. Keine Ahnung hatte er,
was das sein könnte. Aber dass es etwas
Lebendiges war, spürte er schon!
Natürlich hätte der Franz mit der anderen Hand
die Decke lüpfen und unter das Bett schauen
können. Aber wie soll man das tun, wenn man
total erstarrt ist?
Dann fühlte der Franz etwas Nasses auf seinem
nackten Arm. Das bewegte sich! Hin und
her und her und hin! Und das erinnerte den
Franz an die Zunge vom jungen Kalb beim
Kugler-Bauern. Im Sommer, als der Franz mit
der Mama und dem Papa den Kugler-Bauern
besucht hatte, hatte ein Kalb dem Franz den
Arm geleckt. Genauso ein Gefühl wie nun war
das gewesen!
Da wurde dem Franz ein klein wenig leichter
ums Herz, ganz so eiszapfenstarr fühlte er sich
nicht mehr.

Er dachte: Der Eberhard kann aber kein Kalb
im Zimmer haben, das ist unmöglich! Erstens
überhaupt und zweitens passt unter dieses
Bett kein Kalb!

Vorsichtig schob der Franz die andere Hand
zur Decke. Fest entschlossen, sie
hochzuheben, war er noch nicht. Aber er
überlegte es sich.

Und während er überlegte, ob er es wagen
sollte, verschwand das Nasse von seinem Arm
und das warme Schwere von seiner Hand. Die
Decke hob sich und darunter kam ein riesiger

brauner Hundeschädel hervor. Doppelt so groß
wie der Kopf vom Franz, ganz dicht vor dem
Gesicht vom Franz!

Jetzt hilft nur noch sich tot stellen, dachte der
Franz. Und das tat er auch. Er schloss die
Augen und lag wieder stocksteif und starr
da. Noch ein bisschen steifer und starrer als
vorher. Nur sein Herz klopfte so laut, dass er
meinte, das müsse die Frau Most bis in die
Küche raus hören. Inständig hoffte er, sie möge
kommen und ihn retten.

Aber die Frau Most hörte natürlich das
Herzklopfen vom Franz nicht und so lag der
arme Franz weiter hilflos und reglos am Boden.
Als er dann dachte, nun müsse schon eine
Stunde um sein – in Wirklichkeit waren es
sicher nur ein, zwei Minuten –, öffnete er die
Augen wieder. Neben ihm, dicht an ihm, lag
der größte Hund, den er je gesehen hatte!
Der Franz lag auf dem Rücken, der Hund lag
auf dem Bauch. Den braunen Riesenschädel
hatte er auf die Vorderpfoten gelegt.
Interessiert schaute er dem Franz ins Gesicht.
So, als wollte er sagen: Na, hast du jetzt
ausgeschlafen?
Der Franz rückte vorsichtig ein wenig vom

Hund weg. Zuerst bloß einen Zentimeter. Dann zwei, dann vier Zentimeter. Und noch ein paar Zentimeter. Und wieder ein paar.

Als zwischen ihm und dem Vieh ein halber Meter Abstand war, erhob sich der Hund, machte zweimal „wau", stupste den Franz mit der Schnauze in die Rippen und machte wieder zweimal „wau".

Da ging die Zimmertür auf, der Eberhard kam herein, schwang die neue Badehose über dem Kopf und rief: „Berta, weg vom Franz, er mag Hunde nicht!"

Der Riesenhund scherte sich aber nicht darum, stupste den Franz weiter und bellte zwischen den Stupsern je zweimal kurz.

„Berta, benimm dich!", rief der Eberhard. Er packte den Hund am Halsband. „Weißt du", sagte er, „die Berta ist schon neun Jahre, aber immer noch verspielt wie ein Baby!"

Der Eberhard zog den Hund zur Tür. „Raus mit dir!", rief er. „Der Franz ist ein Hundehasser!"
Aber der Hund wollte im Zimmer bleiben.

Mit allen vier Pfoten stemmte er sich gegen
den ziehenden Eberhard.
Der Eberhard schnaufte: „Die Berta muss sich
in dich verliebt haben!"

Sosehr sich der Eberhard abmühte, er brachte
das Vieh nicht vom Fleck. Mit gespreizten
Beinen stand es da, so als wären seine Pfoten
in den Boden geschraubt. Bloß sein Hals
schien immer länger und länger zu werden, je
mehr der Eberhard am Halsband zog.
Der Franz rappelte sich vom Boden hoch. Sein

22

Herz klopfte noch immer sehr laut. Wie ein alter Wecker hörte es sich an.

„Blödes Luder", schrie der Eberhard, „parier oder du kriegst einen Tritt in den Hintern!"

„Tu ihm nicht weh, bitte!", piepste der Franz.

„Sie gehört erzogen", schnaufte der Eberhard und hob einen Fuß.

„Aber nicht mit Treten!", piepste der Franz. Er setzte sich auf das Bett, weil er sich ziemlich schwach fühlte. Da stellte der Eberhard den Fuß wieder auf den Boden und ließ das Halsband los.

Mit einem Satz war der Hund beim Franz, hockte sich vor ihn hin und legte den riesigen Schädel auf die Knie vom Franz.

„Zwischen den Ohren will sie gekrault werden", sagte der Eberhard. Er kam auch zum Bett und ließ sich neben den Franz hinplumpsen. „Aber wenn dir die Berta zu sehr stinkt, lass es sein!"

„Sie stinkt ja gar nicht", sagte der Franz. Seine Stimme war nur mehr ganz wenig piepsig, sein Herz tickte nur noch wie ein kleiner Wecker.

Der Franz legte der Berta sehr vorsichtig eine Hand auf den Kopf. Ganz zart. Und ziemlich zittrig. Die Berta schloss die Augen.

Langsam bewegte der Franz den Zeigefinger. Einen Zentimeter vor, einen zurück, einen vor, einen zurück. Es war ja das erste Mal im Leben, dass er einen Hund anfasste!

„Fest mag sie es lieber", sagte der Eberhard. Er griff dem Franz in die Locken und massierte mit den Fingerknöcheln die Kopfhaut.

Der Franz versuchte am Hundeschädel nachzumachen, was der Eberhard auf seinem Kopf tat. Der Berta gefiel es! Eindeutig war das zu erkennen. Sie kuschelte sich richtig an den Franz, aus ihrem Maul tropfte Spucke auf die Knie vom Franz. Wohlig brummte sie vor sich hin.

„Jetzt ist es richtig", rief der Eberhard und zog seine Hand aus den Locken.

Je länger der Franz die Berta kraulte, umso mehr gefiel es auch ihm. Richtig gut fühlte er sich bald. Irrsinnig gut sogar! Es machte ihm

nicht einmal etwas aus, dass seine Knie schon
voll Hundespucke waren.

Dreimal hatte der Eberhard bereits gedrängt:
„Jetzt gehen wir aber endlich!"

Doch der Franz murmelte bloß: „Lass dir doch
Zeit, das Schwimmbad rennt uns nicht davon!"

Und dreimal hatte der Eberhard geantwortet:
„Aber es macht zu!"

Und der Franz hatte dreimal erwidert: „Macht
ja morgen wieder auf!"

Weil der Eberhard immer tut, was der Franz
will, gingen sie an diesem Tag nicht mehr ins
Bad.

Bis es Zeit wurde heimzugehen, kraulte und streichelte der Franz die Berta, ließ sich von ihr beschnuppern und ablecken und umwedeln.

Die Berta folgte dem Franz auf Schritt und Tritt. Lief er aufs Klo, lief sie bis zur Klotür mit. Ging er in die Küche, um Apfelsaft zu holen, ging sie mit.

Als sich dann der Franz mit dem Eberhard auf das Sofa im Wohnzimmer setzte, um ein bisschen fernzusehen, blieb die Berta auch bei ihm und legte sich quer über seine Beine.

Um sechs Uhr kam der Herr Most und deckte den Tisch. „Isst du mit uns, Franz?", fragte er. „In einer halben Stunde gibt es Gulasch. Von mir gekocht. Superprima!"

„Danke, nein, ich muss heim", sagte der Franz. „Meine Mama wird eh schon denken, dass ich im Bad ersoffen bin."

Das war gemogelt. Erst um sieben Uhr sollte der Franz zu Hause sein. Aber Gulasch hasst der Franz. Außerdem hat ihm noch nie geschmeckt, was der Herr Most kocht.

Bis zur Wohnungstür begleitete die Berta den
Franz, und als er die Tür öffnete, wollte sie mit
ihm raus. Wenn der Eberhard und die Frau
Most sie nicht festgehalten hätten, wäre sie
sicher hinter dem Franz hergelaufen.

Während der Franz die Treppe hinunterlief,
hörte er die Berta kläglich jaulen und winseln.
Ein Kratzgeräusch hörte er auch und die Frau
Most hörte er schimpfen: „Blödes Vieh, kratz
nicht den Lack von der Tür!"

Die Berta verjagt drei Kotzbrocken

Total aufgeregt kam der Franz zu Hause
an. Sein Papa war schon von der Arbeit
daheim. Die Mama war noch im Büro. Weil
Donnerstag war. Am Donnerstag muss sie
immer zwei Überstunden machen.
„Papa, Papa", rief der Franz, „der Eberhard hat
einen Pflegehund, einen ganz lieben, guten,
riesigen, schönen, braunen, herrlichen, und
der liebt mich – total, aber schon total-total!"
Der Papa war gerade dabei, in die
Deckenlampe der Küche eine Glühbirne zu
schrauben. Auf der Doppelleiter stand er,
schaute auf den Franz runter und fragte: „Hast
du das Vieh angefasst?"
Der Franz rief: „Na klar! Zwischen den Ohren
hat sie das Kraulen besonders gern."
„Hast du nachher die Hände gewaschen?",
fragte der Papa.
Der Franz sagte: „Die Berta ist nicht
schmutzig."

„Wieso die Berta?" Der Papa schaute drein,
als ob er den Franz für irre hielt.
Der Franz rief: „Der Hund heißt so!"
„Blöder Name für einen Hund!" Der Papa stieg
von der Leiter. „Ins Bad mit dir", rief er. „Fünf
Minuten die Hände mit Seife und warmem
Wasser bürsten. Die Viecher können Zecken,
Flöhe und Läuse haben. Und Würmer auch!"

Der Papa schob den Franz zum Bad. Der
Franz hätte dem Papa gern erzählt, was für ein
tolles Gefühl es ist, einen Hund zu streicheln.
Dazu noch so einen riesigen!
Und überhaupt keine Angst dabei zu spüren!
Aber das geht ja schwer, wenn man nie
zugegeben hat, dass man sich vor Hunden
fürchtet.
So trottete der Franz bloß ins Bad, drehte das
Wasser auf, machte die Hände nass, seifte sie
ein und rubbelte sie brav aneinander.
Keine Minute hatte er gerubbelt, da stampfte
der Josef ins Badezimmer. Der kam vom
Handball-Training. „Hau ab, Winzling!",
verlangte er. „Ich will duschen." Der Josef ist
schamhaft. Der zieht sich nur nackt aus, wenn
er allein ist.
Der Franz drehte gehorsam das Wasser ab.
„Heute hat sich ein riesiger Hund auf den
ersten Blick in mich verliebt", sagte er.
„Muss ein blöder Hund sein, wenn er sich in
dich verliebt", sagte der Josef.

„Ist er nicht!", rief der Franz. „Und überhaupt ist
er kein ER, er ist eine SIE."
Weiter kam der Franz nicht. Der Josef packte
ihn an den Schultern und stieß ihn aus dem
Bad.
Der Franz stolperte in den Flur und der Mama
entgegen, die gerade zur Wohnungstür
reinkam.

Die Mama interessierte sich für die Berta auch
nicht. Müde war sie, Kopfweh hatte sie, ein
Stündchen ausruhen wollte sie.
„Sei lieb", bat sie, „lass mich verschnaufen, ich
bin fixi-foxi-fertig." Sie ging ins Schlafzimmer
und machte die Tür hinter sich zu.

Der Franz hoffte aufs Abendessen. Aber die
Mama interessierte sich auch dann kaum für
die Berta. Sie sagte bloß: „Pass auf, wenn du
mit ihr spielst, Tiere sind sehr oft
unberechenbar!"
Ein bisschen enttäuscht ging der Franz an
dem Abend schlafen. Weil es nicht schön ist,
wenn man etwas Tolles erlebt hat und keinen,
der sich mit einem darüber freut. Vor dem
Einschlafen nahm sich der Franz vor: Ab
morgen bin ich jeden Nachmittag bei der Berta!

Was sich der Franz vorgenommen hatte, hielt
er auch. Aber leicht war das nicht.
Weil die Mama den ganzen Tag im Büro ist,

bekommt der Franz das Mittagessen nicht daheim, sondern in der Wohnung nebenan, bei der Gabi. Seit er in die Schule geht, ist das so. Am Nachmittag ist er meistens auch bei der Gabi drüben. Außer am Donnerstag. Da ist er immer beim Eberhard. Schon das hat der Gabi nie gepasst. Jeden Donnerstag hat sie ein Gesicht gezogen, wenn sich der Franz nach dem Mittagessen verabschiedet hat.

„Warum gehst du überhaupt zu dem dicken, blöden Dolm?", hat sie immer gefragt. Und wenn der Franz geantwortet hat, dass der Eberhard eben sein bester Freund sei, hat sie ein saures Gesicht gezogen.

Dass der Franz nun jeden Tag gleich nach dem Mittagessen weglief, verstand sie nicht. Gemeine Sachen sagte sie, wie: „Dann komm auch nicht zum Essen! Mir alles wegfressen und beim letzten Bissen abhauen, darauf steh ich nicht!" Und: „Man merkt, dass du immer bei dem Dolm bist, er hat dich mit seiner Blödheit bereits total angesteckt!"

Der Franz erklärte der Gabi, dass er nicht den
Eberhard besucht, sondern den Hund. Das
verstand die Gabi noch weniger. Sie keifte:
„Hast du dieses Vieh vielleicht lieber als
mich?"

Wäre der Franz ganz ehrlich gewesen, hätte er
sagen müssen: „Im Moment schon." Aber dass
die Gabi dann noch grantiger gewesen wäre,
war ihm klar.
So sagte er gar nichts und war der Gabi-Mama
dankbar, weil die ihm zuflüsterte: „Geh nur!
Lass dich nicht schikanieren, du bist ein freier
Mensch."
Unheimlich schöne Nachmittage verbrachte

der Franz mit der Berta. Mit Kuscheln, Schmusen, Streicheln, Herumrangeln, Fellbürsten und Training zum Pfoteheben. Ausführen durfte er die Berta auch. Brav ging sie neben ihm an der Leine. Nie zog sie ihn weiter, nie musste er sie hinter sich herziehen. Das hätte er wohl auch nicht geschafft. Dazu hätte es sicher die Kraft von drei Fränzen gebraucht! Wenn beim Spazierengehen der Eberhard einmal die Leine nahm, bockte die Berta. Sie jaulte und winselte, bis der Eberhard dem Franz die Leine zurückgab.

Einmal, als der Franz mit der Berta im Park war, setzte er sich auf eine Bank, um sein Schuhband zu knoten. Die Berta legte sich sofort unter die Bank. Die Sonne knallte nämlich gerade heiß vom Himmel und die Berta mochte heiße Sonne nicht. Sie war immer auf ein schattiges Plätzchen aus.

Wie der Franz am ausgefransten Schuhband herumknotete, kamen drei große Kerle auf ihn zu. Drei eklige Kerle aus der vierten Klasse.

Stänkerer von der Sorte, die Spaß daran hat, auf Kleine und Schwache loszugehen. Die drei Kotzbrocken blieben dicht vor dem Franz stehen und schauten grinsend auf ihn runter.

Der Franz ließ das Schuhband los.

„Wir wollen uns ein Eis kaufen", sagte der eine.

„Haben aber kein Geld", sagte der zweite.

„Rück deine Moneten raus", sagte der dritte.

Der Franz piepste: „Ich hab kein Geld, wirklich nicht." Hilfe suchend schaute er sich nach dem Eberhard um. Er sah ihn auch.

Der Eberhard stand beim Spielplatz. Mit dem Rücken zum Franz. Sicher hätte er es gehört, wenn ihn der Franz laut gerufen hätte.

Aber laut rufen kann ja ein aufgeregter Franz nicht! So versuchte er es gar nicht. Außerdem wäre der Eberhard gegen drei so starke Kerle auch nicht angekommen.

„Na, wird's bald?", brüllte der eine, griff nach den Ohren vom Franz und quetschte sie zwischen Daumen und Zeigefingern zusammen.

„Ich hab kein Geld", piepste der Franz. Tränen kullerten über seine Wangen. „Loslassen, bitte", schluchzte er.

„Wenn du deine Moneten abgeliefert hast", rief der zweite.

Der dritte trat dem Franz gegen das Schienbein. Da kam der riesige Schädel der Berta unter der Bank vor. Neugierig schaute sie auf die drei Kerle, dann riss sie das Maul auf und gähnte. Im Nu ließ der eine die Ohren vom Franz los und flitzte davon. Die zwei anderen ihm nach! Sie rasten den Weg runter, als wäre der Teufel hinter ihnen her.

Doch die Berta dachte nicht daran, sie zu
verfolgen. Die hatte den Schädel schon
wieder unter der Bank, im Schatten, auf den
Vorderpfoten.

Der Franz war total hingerissen! Ohne Bellen,
ohne Beißen, ohne Zähnefletschen hatte
die Berta die Kotzbrocken verjagt! Bloß mit
Kopfheben und Gähnen!

Der Franz dachte: Mit der Berta zusammen
würde ich mich sogar in unseren Keller wagen!
Im Keller vom Franz hausen angeblich Ratten.
Aber jede Riesenratte, dachte der Franz, würde
vor der Berta flüchten.

Wäre die Berta immer bei mir, dachte der
Franz, müsste ich nie mehr Angst haben.
Meine Stimme würde nie mehr piepsig sein.
Niemand würde mich auslachen, niemand
würde wagen, mich herumzuschubsen, zu
puffen und zu ärgern. Hoffentlich, dachte der
Franz, fährt die Tante vom Eberhard nach dem
Krankenhaus auf Kur. Vielleicht lernt sie dort
einen Mann kennen, den sie heiraten will. Und
der Mann mag Hunde nicht. Dann bittet sie ihre
Schwester, die Berta zu behalten. Und ich kann
auf ewig mit der Berta jeden Tag zusammen
sein!

Der Franz hat Sehnsucht
und die Gabi borgt einen Hund

Die Hoffnung vom Franz erfüllte sich nicht.
Schon zwei Tage später sagte der Eberhard in
der Schule zum Franz: „Heute früh hat meine
Tante die Berta abgeholt." Und dann redete der
Eberhard drauflos, dass die Berta vor Freude,
ihr „Frauchen" endlich wiederzuhaben, mitten
in die Küche einen See gepinkelt hatte.
Der Franz saß still hinter seinem Pult. Kein
Wort sagte er. Keine Antwort gab er, als ihn
der Eberhard fragte: „Bist du krank? Du siehst
ja wie eine Wasserleiche aus!" Unmöglich
war es dem Franz, auch nur ein einziges Wort
rauszubringen. Traurig war er und enttäuscht.
Unglücklich und elend fühlte er sich. Fast so,
als ob sein Leben ohne Berta sinnlos wäre.
Während der Rechenstunde erholte sich
der Franz ein bisschen. Wenigstens so viel,
dass er wieder reden konnte.
In der Pause fragte er den Eberhard:

„Können wir deine Tante manchmal
besuchen?"
Der Eberhard lachte. „Wär ein weiter Weg",
sagte er, „die wohnt in Salzburg." Dann sagte
er noch: „Sowieso besser, dass d e Berta weg
ist, dann gehst du wenigstens heute wieder ins
Bad mit mir."
„Nein", sagte der Franz. „Ich geh lieber nach
Hause."
„Aber meine Mutter macht doch heute extra für
dich Schinkennudeln!", rief der Eberhard.
„Ich kann heute nichts essen", sagte der Franz.
„Ich will ins Bett und zehn Jahre nur schlafen!"
„Hab ja geahnt, dass du krank bist!" Voll

Mitleid schaute der Eberhard den Franz an.
Der Franz nickte. Er wollte den Freund nicht
kränken. Und der hätte sich gekränkt, wenn
er gewusst hätte, dass der Franz allein wegen
der Berta jeden Tag zu ihm gekommen war.
Und nun, ohne Berta, für ihn wieder nur den
Donnerstag übrig hatte.
Schrecklich besorgt war der Eberhard um den
Franz.
„Schaffst du die Zeichenstunde noch?", fragte
der Eberhard und der Franz nickte.
Als auch die Zeichenstunde vorüber war,
lief der Eberhard in die Garderobe und
holte die Jacke und die Straßenschuhe vom
Franz. Es hätte nicht viel gefehlt und er wäre
in den Supermarkt gelaufen, um sich ein
Einkaufswägelchen zu borgen und den Franz
heimzukarren.
„Kannst du echt selber gehen?", erkundigte
er sich dreimal, während er dem Franz in
die Schuhe half und ihn in die Jacke stopfte.
Dann führte er ihn die Treppe hinunter, zum

42

Schultor. Als wäre der Franz ein gebrechliches Urgroßmütterlein! Mit einer Hand hatte er den rechten Oberarm vom Franz gepackt, mit der anderen Hand stützte er den linken Ellbogen vom Franz. Den Ranzen vom Franz balancierte er auf dem Kopf. Und bei jedem Schritt murmelte er: „Achtung, Stufe!"

Dem Franz war zu elend zumute, um sich gegen den fürsorglichen Abtransport zu wehren.
Als die beiden am Ende der Treppe angelangt waren, kam die Gabi hinter ihnen hergelaufen.

„Was ist mit dem Franz?", rief sie aufgeregt.
„Krank ist er", sagte der Eberhard. „Ich bringe
ihn heim."
„Das mache ich!" Die Gabi schubste den
Eberhard vom Franz weg und funkelte ihn so
böse an, dass der Eberhard keinen Protest
wagte. Er nahm den Ranzen vom Kopf, stellte
ihn auf den Boden und sagte zum Franz: „Ich
rufe am Abend an und frage nach, wie es dir
geht." Dann stampfte er zum Schultor raus.
Die Gabi rief ihm nach: „Lass das bloß bleiben,
Kranke brauchen Ruhe!" Und den Franz fragte
sie: „Muss man dich echt stützen?"
„Nein", murmelte der Franz, griff nach seinem

Ranzen und packte ihn sich auf den Rücken.
„Du bist gar nicht sehr krank", sagte die Gabi,
nahm den Franz an der Hand und zog ihn auf
die Straße raus. „Was ist los?", fragte sie.
„Die Tante hat meine Berta heimgeholt",
sagte der Franz. „Ich werde sie nie wieder
sehen."
„Das war nicht deine Berta", sagte die Gabi.
„Trotzdem!", schluchzte der Franz. Über jede
Wange kullerte ihm eine dicke Träne.
Die Gabi reichte ihm ein Taschentuch. Der
Franz blieb stehen, schnäuzte sich und piepste
in das Taschentuch rein: „Ich hab solche
Sehnsucht nach ihr."
„Dann schaff dir doch selbst einen Hund an",
sagte die Gabi.
Der Franz gab der Gabi das Taschentuch
zurück. „Kann ich erst, wenn ich groß bin",
sagte er. „Ich lebe bei Hundefeinden!"
Die Gabi meinte, darauf komme es nicht an.
Der Franz müsse nur jeden Tag zehnmal um
einen Hund jammern.

Dann würden seine Eltern nachgeben. „Du hast noch immer alles bekommen, wenn du es unbedingt gewollt hast", sagte sie.

Der Franz nahm sich den Ratschlag zu Herzen. Gleich am Abend fing er damit an, um einen Hund zu jammern.

Die Mama sagte: „Kommt nicht infrage, Franz. Du hättest den Hund, ich die Arbeit!"

Der Franz protestierte. Ganz allein würde er den Hund betreuen, schwor er.

Der Papa sagte: „Egal, mir kommt kein Hund ins Haus, ich mag keine Hunde."

Der Josef rief: „Wenn der Zwerg einen Hund kriegt, kriege ich eine Katze!"

Und der Papa und die Mama riefen im Duett: „Die Familie bleibt haustierfrei!"

Der Josef nickte, der Franz schwieg und dachte: Morgen versuche ich es wieder!

Zehn Tage lang, jeden Morgen, jeden Abend, versuchte der Franz mit seinen Eltern über den Hund zu verhandeln. Es half nichts. Die beiden waren stur und wurden von Tag zu Tag sturer.

Am Morgen des elften Tages, als der Franz
aufwachte, lag auf seiner Bettdecke ein großes
Blatt Papier.
Darauf stand in Riesenbuchstaben:

Lieber Franz,
es ist schwer auszuhalten, dass du dauernd
um einen Hund bettelst. Hör auf damit!
Du kriegst von uns keinen. Garantiert nicht!
Unsere letzte Hoffnung ist, dass du es endlich
einsiehst, wenn du es schriftlich hast.
Deine dich sehr liebende Mama und dein
dich sehr liebender Papa.
PS: Nagle dir den Brief an die Wand, damit du
es nicht vergisst!

Der Franz nagelte sich den Brief nicht an die Wand. Er knüllte ihn zusammen und warf ihn in den Papierkorb. Kein einziges Wort redete er an diesem Morgen mit der Mama und dem Papa. Und das Pausenbrot, das ihm die Mama gemacht hatte, ließ er absichtlich auf dem Küchentisch liegen.

Auf dem Weg zur Schule erzählte er der Gabi vom Brief.

„Schreiben sie dir oft Briefe?", fragte die Gabi.

„Nie!", antwortete der Franz.

Die Gabi seufzte. „Dann ist es ihnen bitterernst, dann brauchst du gar nicht weiterbetteln."

„Könntest du dir keinen Hund zulegen?", fragte der Franz.

Die Gabi schüttelte den Kopf. Das hatte sie ja schon probiert, sagte sie. Als der Franz jeden Tag wegen der Berta zum Eberhard gegangen war. Da hatte sie gedacht: Wenn ich einen Hund hätte, würde der Franz bei mir bleiben! Jeden Tag zehnmal hatte sie ihre

48

Mama um einen Hund angefleht. Fast hätte
die ja nachgegeben, aber dann hatte ihr Papa
erklärt, wenn ein Hund ins Haus kommt, werde
er ausziehen. Und ihrer Mama sei halt der
Papa lieber als ein Hund.
Hinter dem Schultor, als sich der Franz und die
Gabi trennen mussten, sagte die Gabi: „Aber
ich habe eine Idee."
„Welche?", fragte der Franz.
„Die habe ich gerade geboren", sagte die Gabi
geheimnisvoll. „Die muss ich noch ausfeilen."

Der Franz ging zu seiner Klasse und dachte:
Viel wert sind ihre Ideen sowieso nie!
Weil dieser Tag ein Donnerstag war, ging der
Franz nach dem Mittagessen bei der Gabi zum
Eberhard.
Diesmal wollte ihn die Gabi nicht davon
abhalten. Sie sagte sogar: „Geh nur, ich habe
allerhand in die Wege zu leiten!"
Zufrieden dachte der Franz: Endlich kapiert
sie, dass ich neben ihr auch noch einen Freund
haben darf!

Ziemlich spät kam der Franz heim. Die Mama,
der Papa und der Josef waren schon zu
Hause.
Der Franz war müde. Vier Stunden lang
hatte er dem Eberhard und dem Herrn Most
geholfen, im kleinen Garten hinter dem Haus
Sträucher zu pflanzen und einen Kiesweg
anzulegen.
Der Franz warf sich im Wohnzimmer auf die
Bank.

„Deine Braut sucht dich", sagte der Josef. „War
schon dreimal hier."

„Viermal", sagte der Papa.

„Du sollst dich sofort bei ihr melden, wenn du
kommst", sagte die Mama.

Der Franz seufzte und wollte aufstehen.

„Er springt, wenn sie pfeift!", sagte der Josef.

„Echt wahr", sagte der Papa, „wenn sie
was von dir will, kann sie ja ein fünftes Mal
kommen."

„Du brauchst echt nicht immer habt acht stehen,
wenn sie kommandiert", sagte die Mama.

„Auch wahr", murmelte der Franz und legte
die Beine wieder auf die Bank.

Der Franz war schon im Pyjama und putzte sich im Bad die Zähne, da klingelte es an der Tür.

Er hörte den Papa zur Tür gehen, dann hörte er die Gabi aufgeregt sagen: „Haben Sie die Polizei verständigt? Dem Franz muss was passiert sein, wenn er jetzt noch nicht zu Hause ist!"

„Ist er ja längst", sagte der Papa.

„Was?", rief die Gabi. „Und ich sitze drüben und habe Angst um ihn!" Dann fragte sie, ob der Papa vergessen habe, dem Franz auszurichten, dass er zu ihr rüberkommen solle. Und der Papa sagte, das habe er getan, aber der Franz sei zu müde gewesen.

Gleich darauf war die Gabi beim Franz im Bad, setzte sich auf den Wannenrand und schimpfte los: „So müde warst du sicher nicht, dass du die paar Schritte nicht machen konntest!"

Der Franz nahm die Zahnbürste aus dem Mund, spuckte Schaum und sagte: „Ich muss nicht springen, wenn du pfeifst!"

Die Gabi rief: „Ich pfeife nicht, du Depp! Ich habe dir einen Hund verschafft!"

Dem Franz fiel glatt die Zahnbürste aus der Hand.

„Schau nicht drein wie ein Depp", rief die Gabi. Der Franz hob die Zahnbürste auf. „Aber ich darf doch keinen Hund haben", sagte er.

Die Gabi nickte. „Wir kriegen ihn ja nur jeden Tag für eine Stunde geborgt. Zum Gassigehen. Von meiner Großtante. Die ist alt und hat einen kranken Fuß. Und sie freut sich riesig, dass wir ihren Tassilo ausführen!"

Der Franz ließ die Zahnbürste wieder fallen, umarmte die Gabi und gab ihr vier Küsse.

Die waren hinterher auf ihrem Kinn, ihrer Stirn und ihren Wangen als weiße Zahnpastaflecken noch gut zu sehen.

Und nun führen der Franz und die Gabi jeden Tag den Tassilo an der Leine spazieren. Sehr langsam. Denn der Tassilo ist ein uralter Hund. Ziemlich dick ist er auch. Und sehr klein. Manchmal keucht er beim Spazierengehen so gewaltig, dass ihn der Franz hochnimmt und ein Stück weit trägt.

Beschützen kann der Tassilo den Franz natürlich auch nicht. Dafür muss der Franz den Tassilo manchmal beschützen. Vor größeren Hunden. Oder wenn gemeine Kinder im Park sind, die den Tassilo verspotten und Steinchen nach ihm werfen.

Dann muss der Franz mutig sein und die fremden Hunde verjagen und den gemeinen Kindern erklären, dass sie den Tassilo nicht ärgern sollen.

Leicht fällt ihm das nicht. Aber die Gabi hilft
ihm ja dabei.
Und der Tassilo bellt ihm auch immer Mut zu.
Von Tag zu Tag fällt dem Franz das Mutigsein
leichter.
Manchmal allerdings, wenn ein fremder Hund
sehr riesig ist oder die gemeinen Kinder sehr
viele sind, dann rennen der Franz, die Gabi
und der Tassilo schon noch davon. Aber das
macht nichts. Da muss sich der Tassilo dann
wenigstens ein bisschen anstrengen. Und die
Großtante sagt, das sei gut so. Das bewahre
ihn davor, an Herzverfettung zu sterben.

Welcher Weg führt zum Lösungswort?

Früher sagte der Franz: „Hunde

D finde ich prima."

B gehen mir auf die Nerven."

Nie im Leben hätte der Franz zugegeben, dass

E er sich vor der Fifi fürchtet.

A er die Gabi liebt.

Je länger der Franz die Berta kraulte, umso

L mehr gefiel es ihm.

K genervter wurde er.

Lösungswort: BELLEN

Unheimlich schöne Tage verbrachte der Franz mit

L der Berta.

B der Gabi.

Die Gabi nennt den Eberhard einen

I süßen Herzbub.

E dicken, blöden Dolm.

Tassilo ist ein

T junger Hund.

N uralter Hund.

LÖSUNGSWORT:

◻◻◻◻◻◻

FSC MIX
Papier | Fördert gute Waldnutzung
www.fsc.org
FSC® C002795

Überarbeitete Neuausgabe

4. Auflage
© 1996, 2019 Verlag Friedrich Oetinger GmbH
Max-Brauer-Allee 34, 22765 Hamburg
Alle Rechte vorbehalten
© Text: Christine Nöstlinger 1996
© Titelbild und farbige Illustrationen: Erhard Dietl 1996
Einband- und Reihengestaltung von Andrea Pieper
Begleitmaterial von Alexandra Hanneforth
Reproduktion: Domino Medienservice, Lübeck
Druck und Bindung: Livonia Print SIA,
Jūrkalnes iela 15/25, LV-1046 Riga, Lettland
*Printed 2026/5
ISBN 978-3-7891-1282-9

www.oetinger.de